CHAMBRE DE COMMERCE INTERNATIONALE

RÈGLEMENT UNIFORME

RELATIF AUX

CRÉDITS DOCUMENTAIRES

(Brochure N° 74)

SECRÉTARIAT GÉNÉRAL

38, Cours Albert Ier

PARIS

CHAMBRE DE COMMERCE INTERNATIONALE

38, Cours Albert Ier — Paris (VIIIe)

Adresse télégraphique :
Incomerc, Paris 86.

Téléphone :
Elysées 62-42=62-56=94-77

Président : Georges Theunis

Président-Fondateur : Etienne Clémentel.

Présidents Honoraires : Sir Alan G. Anderson, K.B.E., Willis H. Booth, Alberto Pirelli.

Vice-Présidents :

Sir Arthur Balfour, Bart., K.B.E.
S. E. Sen. Ing. Ettore Conti
Maurice Despret
René Duchemin

J. S. Edström
Boguslaw Hersé
Junnosuke Inouye

Franz von Mendelssohn
Carlos Prast
Silas H. Strawn
W. Westerman

Vice-Président Honoraire : K. A. Wallenberg

Trésorier :
Louis Manheim

Secrétaire Général :
Edouard Dolléans

Trésorier Adjoint :
B. S. Carter

CONSEIL :

Allemagne. — *Membres :* Abr. Frowein, Dr. h. c. Louis Hagen, Dr. L. Ravené. — *Suppléants :* Dr. Wilhelm Cuno, E. Hamm, F. H. Witthoefft.

Amérique (Etats-Unis d'). — *Membres :* John H. Fahey, Silas H. Strawn, Owen D. Young. — *Suppléants :* William Butterworth, Robert E. Olds, Henry M. Robinson.

Australie. — *Membres :* John Sanderson, The Hon. Sir Frederick W. Young.

Autriche. — *Membre :* Dr. Paul Hammerschlag. — *Suppléants :* R. Riedl, Dr. Ludwig Urban.

Belgique. — *Membres :* Louis Canon-Legrand, Alexandre de Groote, William Thys. — *Suppléants :* Camille Gutt, Joseph Marcotty, Henri Story.

Chili. — *Membre :* G. de Heeckeren. — *Suppléant :* D. Estanislao Fabres.

Danemark. — *Membres :* Benny Dessau, Dr. Ernst Meyer. — *Suppléants :* Christian Cloos, Ch. Overgaard.

Dantzig. — *Membre :* Eduard Bosselmann. — *Suppléant :* Dr. Bruno Heinemann.

Espagne. — *Membres :* D. Bartolomé Amengual, D. Julio Guillen Saenz. — *Suppléants :* D. Marco Costalès, D. José Maria Gonzalez.

Estonie. — *Membre :* Joakim Puhk. — *Suppléant :* Baron Ernest Rosen.

Finlande. — *Membre :* Carl Enckell.

France. — *Membres :* Jules Godet, Robert Masson, Eugène Schneider. — *Suppléants :* André Baudet, Etienne Fougère, Henri de Peyerimhoff de Fontenelle.

Grande-Bretagne. — *Membres :* Sir Algernon F. Firth, Bart., D. L., Sir Felix Schuster, Bart., Sir Gilbert C. Vyle, Kt. — *Suppléants :* Sir J. Sandeman Allen, Kt., M.P., Sir Stanley Machin, J.P., Sir Roland Nugent.

Grèce. — *Membre :* A. S. Metaxas. — *Suppléant :* G. Nicolaïdès.

Hongrie. — *Membre :* Alexandre Popovics. — *Suppléant :* Arthur Belatiny.

Inde. — *Membres :* D. S. Erulkar, D. P. Khaitan, N. M. Muzumdar. — *Suppléants :* R. K. Shanmukham Chetty, Kasturbhai Lalbhai, M. L. A., R. J. Udani.

Indochine. — *Membre :* B. de la Brosse. — *Suppléant :* Henri Sambuc.

Italie. — *Membres :* On. Gr. Cr. Prof. Dionigi Biancardi, On. Gr. Uff. Biagio Borriello, Gr. Uff. Giorgio Mylius. — *Suppléants :* Gr. Cr. Avv. Giuseppe Bianchini, On. Gr. Uff. Avv. Gino Olivetti, Gr. Uff. Ing. Raimondo Targetti.

Japon. — *Membres :* Dr. Takuma Dan, Raita Fujiyama, Keijiro Hori. — *Suppléants :* Katsutaro Inabata, Akira Ishii, Kenjiro Matsumoto.

Luxembourg. — *Membre :* Aloyse Meyer. — *Suppléant :* Albert Calmès.

Norvège. — *Membres :* C. Bang, J. Blydt. — *Suppléants :* Einar Eitrem, E. Sandberg.

Pays-Bas. — *Membres :* H. Rud. du Mosch, Dr. R. Mees, Dr. A. Plate. — *Suppléants :* E. Heldring, Albert Spanjaard, J. B. van der Houven van Oordt.

Pologne. — *Membre :* Alfred Falter. — *Suppléant :* Edmond Trepka.

Roumanie. — *Membre :* Mihail Manoïlesco. — *Suppléant :* George G. Assan.

Suède. — *Membres :* Oscar Rydbeck, Joseph Sachs. — *Suppléants :* Axel Egnell, Björn Prytz.

Suisse. — *Membres :* Dr. Alfred Georg, Robert La Roche, John Syz. — *Suppléants :* Otto Alder, René Hentsch, Edouard Tissot.

Tchécoslovaquie. — *Membres :* Jaroslav Preiss, Kornel Stodola. — *Suppléants :* E. Langer-Schroll, F. Hodac.

Yougoslavie. — *Membre :* Vassa U. Yovanovitch. — *Suppléant :* Dr. Julije Mogan.

RÈGLEMENT UNIFORME

RELATIF AUX

CRÉDITS DOCUMENTAIRES

(Brochure N° 74)

SECRÉTARIAT GÉNÉRAL

38, Cours Albert 1er

PARIS

I

RAPPORT SUR LE
RÈGLEMENT UNIFORME RELATIF AUX
CRÉDITS DOCUMENTAIRES

PAR M. JEAN GURTLER

*Rapporteur de la Commission de la Lettre de Change, du Chèque
et des Crédits Documentaires* (1)

Le Conseil de la Chambre de Commerce Internationale, au cours
de sa XXe session, en date du 5 mars 1926, fut saisi d'un rapport présenté
par le Comité National Américain sur l'opportunité d'unifier les règle-

(1) *Président* : M. W. Westerman, Vice-Président de la Chambre de Commerce Internationale.

Vice-Président : On. Gr. Uff. Giorgio Mylius, Consigliere Superiore della Banca d'Italia.

Rapporteur : M. Jean Gurtler, Fondé de Pouvoir de la National City Bank of New-York
à Paris.

Membres : *Allemagne* : Konsul Arnold Gumprecht, Firma Gumprecht & Co., Hambourg ;
Geh. Komm. Richard Schmidt, Président de la Chambre de Commerce de Leipzig.

Amérique (E. U. d') : Judge Thomas B. Paton, General Counsel of the American Bankers
Association ; M. Wilbert Ward, Assistant Vice President of the National City Bank of New-
York ; M. Charles Frederick Weed, Vice President of the First National Bank, Boston ; M. S. G.
Mc Allister, International Harvester Co., Bruxelles ; M. Jean Gurtler, suppléant de M. Ward.

Autriche : Dr. Paul Hammerschlag, Directeur de la Österreichische Creditanstalt für
Handel und Gewerbe.

Belgique : M. Paul van Zeeland, Directeur de la Banque Nationale de Belgique.

Danemark : Consul Christian Cloos, Président de la Provinshandelskammeret.

France : M. Albert Troullier, Ancien Président du Tribunal de Commerce de la Seine ;
M. Jacques Bouteron, Inspecteur à la Banque de France ; M. Jean Duchénois, Secrétaire
Général de la Confédération Générale de la Production Française ; M. Froideval, Directeur
Adjoint du Comptoir National d'Escompte ; M. Maurice Dubrulle, Etablissements Mathon
et Dubrulle, Tourcoing.

Hongrie : M. Louis Manheim, Administrateur-Délégué de la Société de Banque pour
le Commerce et l'Industrie.

Inde : S.N. Pochkhanawalla, Esq., c/o Central Bank of India, Ltd.

Indochine : M. Henri Sambuc, Avocat-Défenseur honoraire près la Cour d'Appel de l'Indochine.

Italie : Comm. Dott. Giovanni Morandi, Directeur de l'Agence de Paris du Credito Italiano.

Japon : M. Teisaburo Kuga, Mitsubishi Shoji Kaisha.

Luxembourg : M. Paul Simons, Directeur de la Banque Internationale.

Norvège : M. Rolf Thorsteinsen, Secrétaire de l'Union des Banques de Norvège.

Suède : M. Charles Dickson, Stockholm.

Suisse : M. Max Vischer, premier Secrétaire de l'Association Suisse des Banquiers.

Tchécoslovaquie : M. Yaroslav Zlatnicek, Fondé de Pouvoir de la Zivnostenska Banka.

Yougoslavie : Dr. Miljenko Markovitch, Secrétaire de l'Association des Etablissements de Banques et de Sociétés d'Assurances.

Secrétaire de la Commission : M. V. Del Rio, Directeur du Groupe Finances.

ments relatifs aux crédits documentaires qui avaient été adoptés et publiés précédemment par des associations bancaires de divers pays.

Dans ce rapport, le Comité National Américain exprimait l'avis qu'une entente en cette matière serait appelée à rendre d'immenses services aux milieux commerciaux et bancaires internationaux ; elle contribuerait utilement à aplanir les nombreuses difficultés que peuvent faire surgir, dans les transactions internationales, la multiplicité et la discordance des règlements. Une proposition, tendant à faire examiner la question par la Chambre de Commerce Internationale, fut soumise à l'accord des Comités Nationaux, qui en reconnurent le grand intérêt. Tel fut également l'avis du Conseil qui, au cours de sa session du 20 octobre 1926, décida de confier l'étude de cette question à la Commission de la Lettre de Change et du Chèque.

Cette Commission qui comprenait des compétences en matière de banque et de finance internationales aussi bien que de jurisprudence, s'adjoignit, en vue de préparer un projet, des experts particulièrement au courant des questions de crédits documentaires et des usages des divers pays. Une analyse des règlements existants fut faite et soumise à une étude très approfondie qui servit de base à un avant-projet, présenté à ladite Commission au cours de sa réunion des 7 et 8 février 1927. Après discussion, celui-ci fut soumis aux Comités Nationaux, par l'entremise du Secrétariat Général, après consultation des associations bancaires. Les réponses, très détaillées, dénotaient le grand intérêt que suscitait la question. Toutefois, en raison du délai restreint entre la date d'envoi du projet et la réunion suivante de la Commission, qui eut lieu le 27 avril 1927, il parut utile de demander au Congrès de Stockholm de prolonger le mandat de la Commission et d'adresser un appel, par l'entremise des Comités Nationaux, à la collaboration des associations bancaires. Cet appel eut pour résultat un accroissement notable des commentaires des milieux bancaires et commerciaux, transmis par les Comités Nationaux. Un nouvel examen du projet a permis à la Commission de donner suite à plusieurs suggestions qui lui semblaient propres à faciliter et à encourager les échanges internationaux.

La Commission, en élaborant ce projet, s'est préoccupée d'éliminer toute proposition qui n'était pas d'un caractère nettement international. Dans ces conditions, le règlement approuvé par le Congrès d'Amsterdam semble pouvoir servir utilement de base pour résoudre des opérations commerciales au moyen de crédits documentaires. La Commission suggère l'adoption de ce règlement par les associations bancaires de tous les pays, qui, sans aucun doute, le feront entrer bientôt dans leur pratique usuelle, facilitant ainsi les transactions au grand avantage du commerce international.

Dans le but d'éviter toute difficulté quant à l'interprétation des termes et à la phraséologie des ouvertures de crédit, il semble désirable que toute demande ou confirmation d'ouverture de crédit entre le donneur d'ordres (acheteur) et sa banque d'une part, la banque notificatrice et le bénéficiaire d'autre part, mentionnent que l'opération sera effectuée d'après le règlement uniforme du crédit documentaire de la Chambre de Commerce Internationale. L'adoption générale de cette procédure permettrait la détermination expérimentale de l'efficacité du règlement. D'autre part, elle serait susceptible d'aplanir certains conflits légaux, signalés au cours des discussions du projet. Il serait désirable, au surplus, que si des décisions juridiques venaient affecter un point quelconque de ce règlement, elles soient portées à la connaissance de la Chambre de Commerce Internationale par l'entremise des Comités Nationaux, et forment ainsi des précédents ; elles pourraient servir d'éléments de références. Si, ultérieurement, certain point de ce règlement était reconnu mal fondé, il pourrait être soumis à une nouvelle conférence, pour modification.

Le règlement comporte cinq sections : Nature du crédit, Responsabilité, Documents, Interprétation des termes, et Transfert.

Dans la première partie, la Commission s'est fait un devoir d'unifier les nombreuses appellations précédemment en usage, qui ont été réduites à deux : le crédit révocable et le crédit irrévocable.

Le crédit révocable, dans le passé, a été souvent dénommé crédit simple ou crédit non confirmé, mais ces dernières expressions semblaient donner lieu à une fausse interprétation, et l'expression « révocable » impliquant mieux la faculté de révocation ou annulation, est matériellement plus apte à éviter tout malentendu. Cette forme de crédit ne constitue, en fait, qu'une autorisation de payer, négocier ou accepter, de la part du donneur d'ordres vis-à-vis de la banque et du bénéficiaire. L'avis y relatif d'une banque au bénéficiaire ne comporte aucun engagement de sa part, puisque le donneur d'ordres se réserve le droit d'effectuer des modifications ou d'en provoquer l'annulation. La question de savoir à quel moment une modification ou annulation pouvait devenir effective a souvent donné lieu à des discussions et des procès ; elle fut également soulevée au sein de la Commission. Juridiquement, le banquier agit en l'occurrence comme mandataire et, en cette qualité, son mandat se trouve modifié ou annulé dès le moment de la réception des instructions de son client. Si l'ouverture d'un crédit révocable a été transmise pour réalisation auprès d'un correspondant, à la requête du donneur d'ordres, les instructions d'annulation ou modification émanant de ce dernier ne sauraient prendre effet qu'au moment de sa réception par le correspondant. Il est donc inadmissible que, par suite d'un avis d'ouverture de crédit, sa durée se prolonge jusqu'à la réception de l'avis d'annulation par le bénéficiaire, par exemple. Il ne saurait non plus en découler une obligation pour les banques d'aviser le bénéficiaire d'une telle mesure, quoique ceci se fasse souvent. Le fait d'avoir agi (acheté, mis en fabrication, etc. un article) sur la réception d'un avis d'ouverture de crédit révocable, ne saurait non plus engager d'une manière quelconque le mandataire, étant donné qu'en pareil cas toute action deviendrait une question de confiance entre bénéficiaires et donneurs d'ordres (acheteurs et vendeurs).

Le crédit irrévocable fut, en Europe, souvent dénommé crédit confirmé, expression qui dénote la préexistence d'un crédit ferme, puisque le mot *confirmé* trouve son origine dans le mot *confirmare*. Puisqu'un crédit ferme et inaltérable vis-à-vis d'un bénéficiaire n'est constitué que par l'engagement d'une banque, l'expression « irrévocable » semblait plus appropriée. La thèse, très défendue au début, selon laquelle tout crédit irrévocable devenait un crédit confirmé dès le moment où la banque, après avoir accordé cette facilité à son client, en avisait le bénéficiaire, fut, après de longues discussions, abandonnée. C'est l'avis d'ouverture de l'accréditif qui doit comporter l'engagement irrévocable, et, des échanges de vues qui se sont produits, il est résulté que cet avis était considéré comme confirmation, d'où sa dénomination. D'autre part, il fut proposé que tout crédit irrévocable dont avis serait donné par l'entremise d'un correspondant, devrait être confirmé par ce dernier, afin que le bénéficiaire obtienne un engagement ferme d'une banque locale. Cette suggestion devait également être écartée, car il fut démontré que la banque qui ouvre un crédit à l'étranger peut être suffisamment connue dans les milieux commerciaux pour pouvoir se dispenser d'une confirmation de sa signature par une banque locale. On a d'ailleurs estimé qu'il serait toujours facile au bénéficiaire, s'il y avait quelque doute, d'obtenir auprès du correspondant les renseignements désirés ou, s'ils ne peuvent être obtenus sur place, d'avoir recours aux moyens rapides qui sont aujourd'hui à la disposition de tout le monde. Toutefois, le crédit irrévocable peut être confirmé, par exemple dans le cas où la banque de l'acheteur, émetteur d'un crédit, ne serait qu'insuffisamment connue, ou dans le cas où le vendeur rechercherait implicitement un engagement d'une banque locale pour s'assurer de l'exécution de sa vente sur place, et soumettre l'opération aux lois de son pays. Il appartiendrait alors au vendeur de faire connaître ses intentions à son acheteur au moment de la conclusion de la vente ; comme ce genre d'opération est plus onéreux, il est nécessaire, en pratique, d'en tenir compte dans l'établissement des conditions de vente. Dans ce cas, la banque de l'acheteur doit être appelée à faire confirmer son crédit irrévocable par un établissement financier du pays du vendeur, ce qui représenterait un crédit irrévocable confirmé comportant deux engagements bancaires auxquels allusion est faite sous Section A, paragraphe 7.

La lettre de crédit commerciale a fait l'objet de nombreux commentaires. Ce document qui, habituellement, a un caractère circulaire, et dont les avantages sont universellement reconnus, représente en somme une ouverture de crédit irrévocable complète, puisqu'il contient l'avis d'ouverture de crédit et l'engagement ferme de l'émetteur d'accepter ou payer lui-même ou de faire accepter et ou payer par un autre établissement financier nommément désigné, les applications y relatives. Quoique très connu, ce document ne semble pas encore être en usage dans beaucoup de pays, et compte tenu de leurs suggestions, il fait l'objet du paragraphe 9 de la Section A. Il y a pourtant lieu d'ajouter que ce document est soumis aux mêmes principes fondamentaux que les crédits documentaires dont avis est généralement donné par l'entremise d'un correspondant. La lettre de crédit commerciale peut, comme tout autre crédit irrévocable, être confirmée par une seconde banque sous forme d'une lettre d'engagement séparée.

La seconde section du règlement comprend les responsabilités de la banque vis-à-vis de sa clientèle à l'égard de l'exécution des ordres. Il a été objecté qu'après adoption de cette section, les banques n'encourraient plus aucune responsabilité, ce qui est au moins exagéré, vu que le banquier dans l'exercice de ses fonctions n'est pas à même de se faire juge de la valeur légale, etc. des documents, ni de vérifier la marchandise (désignation, quantité, poids, qualité, etc.), ce à quoi se rapporte le paragraphe 2. Les banques ne sauraient non plus être tenues pour responsables des actes et décisions d'autrui, hors de leur contrôle. Que les banques soient responsables d'une faute professionnelle de la part de leur personnel, cela ne fait aucun doute, mais il ne saurait en être de même lorsqu'elles agissent de leur mieux pour interpréter des câbles ou traduire un terme technique qui n'est pas du ressort bancaire. Il appartient au donneur d'ordres de se prémunir de renseignements sur l'honorabilité, la responsabilité, etc. de la personne à accréditer, afin de lui faire confiance pour la bonne exécution des ordres, quoique les établissements financiers aient l'habitude de s'entourer de garanties lorsqu'ils le jugent nécessaire. Ils ne peuvent alors commencer leur enquête qu'après réception des ordres, et son résultat ne peut servir qu'à titre d'indication pour l'avenir.

La question de la documentation traitée dans la troisième partie du règlement a provoqué aussi divers commentaires. La Commission s'est efforcée de donner satisfaction dans la plus large mesure aux desiderata exprimés et s'est fait un devoir de coordonner l'exigibilité des documents avec les usages commerciaux, maritimes, etc...

Dans le paragraphe 1, il est question des documents considérés comme acceptables par les banques, lorsque le donneur d'ordres ne spécifie pas, en premier lieu, quels sont ceux, relatifs au transport par voie maritime, qui doivent prendre la forme négociable et transmissible. Quant au transport par voie intérieure, on a constaté qu'il donne lieu à l'emploi de documents variés, mais qu'en dehors des connaissements fluviaux et des connaissements ferroviaires en usage en Amérique du Nord, ces documents, tels que le duplicata de la lettre de voiture, le récépissé de chemin de fer et le récépissé postal, ne sont pas transmissibles ; ils ne peuvent donc servir de garantie aux banques que dans certaines conditions. Pour les transports ferroviaires européens, il découle de la Convention de Berne que l'expéditeur reste le propriétaire de la marchandise jusqu'au moment de la livraison. Par exemple, si une avarie survient en cours de route, c'est l'expéditeur qui en est avisé et a la faculté de faire valoir ses droits. La propriété reste donc toujours entre les mains de l'expéditeur. De plus, les nombreuses barrières douanières du continent européen présentant des obstacles pour l'acheminement direct de marchandises d'un pays à un autre, il est nécessaire d'avoir recours à l'intervention d'un agent en douane aux frontières pour effectuer les opérations de dédouanement et de réexpédition. Les opérations par voie ferroviaire européenne devraient donc faire l'objet d'instructions aussi détaillées que possible de la part des donneurs d'ordres et de leurs banquiers pour les crédits ouverts dans un autre pays continental.

Les paragraphes 2 à 18 donnent une définition de la forme et des conditions générales des documents que les banques se réservent le droit d'accepter en vertu d'accréditifs, en l'absence d'instructions contraires. On s'est conformé aux usages déjà établis dans la plupart des pays d'accorder aux banques la faculté d'accepter les connaissements libellés « Reçu pour embarquement », « Reçu à quai », en considération de l'évolution survenue au cours des deux dernières décades dans les usages maritimes. On a fait valoir que les compagnies exploitant des lignes régulières et fréquentées se voient dans l'obligation de constituer leur cargaison et d'en donner décharge sous la forme de ce genre de connaissements. Le chargement et le départ d'un bateau se font souvent dans un délai très court, et si le vendeur était forcé de présenter des documents stipulant que la marchandise est effectivement à bord, il ne serait possible d'obtenir les documents d'embarquement qu'après le départ des bateaux.

Pour donner suite aux propositions des délégués de pays géographiquement désavantagés par l'absence de port de mer, a été également prévue la faculté, pour les banques, d'accepter des connaissements émis à l'intérieur par les agents directs des compagnies de navigation : ce mode d'opérer a comme avantage de permettre à l'expéditeur de présenter ses documents assez tôt pour qu'ils puissent parvenir à destination au moment de l'arrivée du vapeur porteur des marchandises, et il éviterait aux acheteurs la nécessité de déposer des garanties, toujours coûteuses, entre les mains des compagnies de navigation et/ou des autorités douanières au port de débarquement, pour la livraison des chargements et leur dédouanement. Selon la phrase « A moins d'instructions contraires » qui précède ce chapitre, et qui s'applique également aux chapitres D et E, l'acheteur ou donneur d'ordres conserve toujours la faculté d'exiger des connaissements stipulant que les marchandises sont effectivement chargées à bord, et d'exclure tout autre document d'expédition. Ceci paraît surtout indiqué quand les départs sont peu fréquents, ou lorsque, en contre-partie d'un achat, il existe une vente avec date de livraison fixe se rapprochant de celle de l'embarquement. Par contre, l'acheteur reste libre, avec le consentement de la banque accordant les crédits, de faire admettre tel autre document qui lui semble indiqué, par exemple un connaissement émis par un transitaire, ou un autre prévoyant le transport sur le pont ou par voilier, ou même un document contenant certaines réserves restrictives quant à l'état apparent des marchandises. Ces considérations s'appliquent également aux documents d'assurances et autres. Pour ces derniers, il fut jugé utile d'insérer des réserves à l'égard de la clause « tous risques », au cas où, à l'insu des banques, certains risques ne seraient pas couverts, cette expression étant d'un emploi commun en matière d'assurance. Cependant, l'attention de la Commission a été attirée sur le fait que l'expression « tous risques » est très souvent trop vague pour couvrir les risques auxquels les marchandises peuvent être assujetties. A cet égard, il serait utile de se reporter à la seconde édition des « Termes Commerciaux » (brochure N° 68) publiée par la Chambre de Commerce Internationale (édition allemande : page 91 ; édition anglaise : page 81) où figure un memorandum du représentant du Comité du Lloyds qui dit : « L'expression 'tous risques' (all risks) est à rejeter ; l'emploi de cette expression ouvrirait en effet la voie à de sérieux malentendus : il convient d'employer à sa place le terme W.P.A. 'avec avarie particulière' (With Particular Average) » (1).

____

(1) L'édition française des « Termes Commerciaux » n'étant pas encore publiée, nous indiquons seulement les références des pages des éditions allemande et anglaise.

Par suite des efforts croissants faits dans tous les pays pour maintenir la stabilité des monnaies, il n'a pas semblé utile d'insérer une clause particulière prévoyant que l'assurance devrait être couverte exclusivement dans la monnaie des accréditifs.

L'interprétation des termes utilisés dans les accréditifs fait l'objet de la Section D du règlement et, comme la précédente, les termes y peuvent être changés sur instructions spéciales du donneur d'ordres. L'expression « environ » y fut énoncée comme admettant un écart de 10 %. Il a été relevé, au cours des discussions du projet, que ce pourcentage différait suivant les genres de commerce. Toutefois, il n'a pas été possible de le spécifier pour chacun, et lorsqu'il s'agit de financer une marchandise dont le pourcentage est moindre, il appartient au donneur d'ordres de le spécifier et de ne faire établir qu'un crédit permettant le règlement du montant impliqué, majoré de ce pourcentage.

Les « expéditions partielles » ont donné lieu à contestations par suite du fait que, dans certains pays, il n'était pas d'usage d'effectuer des règlements partiels sans instructions, et à condition que la valeur correspondante puisse être vérifiée. Les observations des milieux intéressés ont montré qu'il était plutôt favorable aux acheteurs et vendeurs de recevoir des livraisons au fur et à mesure de leurs possibilités, ce qui a amené la Commission à donner suite à ces propositions.

En ce qui concerne la vérification de la valeur, l'article de détail donne rarement lieu à une spécification de prix ou de quantité, tandis que les matières premières sont généralement définies en quantité, qualité et prix, et la Commission s'est, à cet égard, rangée à la majorité des usages déjà en vigueur.

Le paragraphe 4 de cette Section prévoit l'obligation d'indiquer une date de validité pour un crédit irrévocable ; cette mesure a été dictée par le fait qu'un engagement irrévocable pourrait être soumis aux lois concernant la prescription et dépasser ainsi largement le terme habituel des engagements commerciaux bancaires. Les lois relatives à l'échéance d'engagements venant à échéance un dimanche ou un jour férié ayant été signalées comme présentant des variations suivant lesquelles les dates sont soit reculées, soit avancées, il a été convenu d'assujettir ces dates de règlement aux lois et usages des divers pays où la réalisation d'un crédit doit se faire. L'absence de date de validité dans un crédit révocable a donné lieu à des suggestions diverses, allant de trois mois à un an, et, après un échange de vues, la Commission a décidé qu'un tel crédit devrait être présumé échu après un délai de six mois à compter de la date de l'avis au bénéficiaire, temps considéré comme la moyenne pour l'achèvement d'une opération. Au cours des discussions, il fut remarqué que beaucoup d'ordres d'ouverture de crédits font mention du mot « départ ». Cette expression fut considérée comme susceptible de créer des conflits légaux, étant donné qu'il semblait difficilement possible de déterminer le départ des marchandises sans créer un nouveau document provenant des autorités des ports ou de celles des chemins de fer. L'enquête faite à ce sujet démontrait que cette expression, dans la plupart des cas, n'avait d'autre but que de désigner la date d'embarquement ou d'expédition, et elle fut, dans cet ordre d'idées, assimilée à ces dernières expressions (paragraphe 8).

Le paragraphe 9 demande que les documents soient présentés sans retard lorsqu'un crédit indique seulement la date limite d'expédition de la marchandise. De nombreuses questions furent posées sur son interprétation : il ressortit de l'avis général qu'on ne pouvait fixer aucun délai, celui-ci étant subordonné au temps que devaient mettre les documents pour parvenir du port d'embarquement ou d'expédition au bénéficiaire, et du bénéficiaire à la banque. Logiquement, ce délai doit donc comprendre le temps nécessaire pour la transmission des documents après l'embarquement ou l'expédition. Il fut jugé utile d'exclure les conditions de vente telles que C & F, CAF, FOB, etc. et la Commission suggère que l'application de ces termes soit faite selon le recueil de définitions des « Termes Commerciaux » publié par la Chambre de Commerce Internationale.

La dernière partie du règlement (Section E) se rapporte à la possibilité de transfert d'un crédit d'un bénéficiaire à un autre, lequel ne peut se faire — et une fois seulement — que sur instructions du donneur d'ordres. En effet, il fut demandé qu'en autorisant le bénéficiaire à provoquer ce transfert à une tierce personne, le donneur d'ordres ait connaissance de cette nécessité et connaisse même le second bénéficiaire ; dans le cas contraire, il devrait s'en rapporter au premier pour son choix, eu égard à l'exécution des commandes sur lesquelles l'ouverture de crédit est basée. La possibilité de transférer un crédit d'un second à un troisième ou quatrième bénéficiaire a semblé incompatible avec les usages bancaires et commerciaux. Cette manière d'agir serait, selon les vues exposées, susceptible d'entraîner des mécomptes, étant donné que ni l'acheteur, ni sa banque, ne pourraient être renseignés sur l'honorabilité et la responsabilité du bénéficiaire final. Dans l'intérêt de l'accomplissement régulier des transactions, ces opérations sont à déconseiller. Il est aussi à remarquer que les conditions originales d'un crédit transférable doivent être respectées et que les frais causés par un transfert doivent être logiquement supportés par la personne qui en est la cause.

L'œuvre d'unification du règlement des crédits documentaires étant accomplie, la Commission recommande son adoption par les associations bancaires, sous avis au Secrétariat Général de la Chambre de Commerce Internationale, par l'entremise des Comités Nationaux.

La Commission suggère que l'application de ce règlement soit effective à partir du 1ᵉʳ avril 1930.

II

RÉSOLUTION
VOTÉE PAR LE CONGRÈS
DE LA CHAMBRE DE COMMERCE
INTERNATIONALE

AMSTERDAM LE 13 JUILLET 1929

(Traduction) (1)

La Chambre de Commerce Internationale approuve le règlement uniforme ci-dessous relatif aux crédits documentaires.

La Chambre, insistant sur l'importance dudit document dans la vie bancaire et commerciale internationale, et tenant compte du fait que les résultats de ses travaux n'auront une réelle importance pratique que si le règlement est appliqué dans le plus grand nombre de pays,

Invite les Comités Nationaux à faire appel aux Associations bancaires et commerciales de leurs pays respectifs en vue d'une application de ce règlement,

Et prie le Secrétariat Général de mettre en jeu son influence pour que non seulement les règles en question soient appliquées par les pays membres de la Chambre, mais qu'elles soient également connues et appliquées dans les pays qui n'ont pas encore de Comité National de la Chambre de Commerce Internationale.

---

(1) Texte original anglais.

III

RÈGLEMENT UNIFORME
RELATIF
AUX CRÉDITS DOCUMENTAIRES

(Traduction) (1)

A. — Nature des crédits.

1. L'ouverture d'un crédit constitue par sa nature une opération indépendante du contrat qui pourrait en former la base et auquel les banques restent entièrement étrangères.

2. Le crédit peut être ouvert sous forme de :

a) crédit révocable ;

b) crédit irrévocable.

3. Tout crédit, à moins qu'il ne soit expressément déclaré irrévocable, est considéré comme révocable, même si un terme de validité a été indiqué dans la clause « sauf révocation ».

4. Le crédit révocable ne constitue pas un lien juridique entre la banque et le bénéficiaire. En conséquence il peut être révoqué, même sans obligation de la banque d'en aviser le bénéficiaire. Lorsqu'un crédit de cette nature aura été donné à un correspondant, la modification ou l'annulation ne prendra effet qu'au moment de sa réception par ledit correspondant ou par la maison auprès de laquelle celui-ci a transféré le crédit.

5. Le crédit irrévocable comporte l'engagement ferme de la banque qui ouvre un tel crédit vis-à-vis du bénéficiaire ; cet engagement ne saurait être modifié ou annulé sans l'accord de toutes les parties intéressées.

6. Le crédit irrévocable peut être notifié au bénéficiaire par l'intermédiaire d'une tierce banque, sans engagement pour celle-ci lorsqu'elle aura été chargée purement et simplement de le notifier au bénéficiaire.

7. Toutefois une banque intermédiaire peut être appelée par son donneur d'ordres à confirmer un crédit irrévocable. Dans ce cas, elle se trouve elle-même engagée envers le bénéficiaire à partir de la date à laquelle elle aura donné sa confirmation.

---

(1) Texte original anglais.

8. Si, lorsqu'il s'agit d'un crédit de cette nature, la durée de validité n'est pas indiquée, le crédit ne sera avisé au bénéficiaire qu'à titre de simple renseignement, et ne sera ultérieurement confirmé qu'après réception par le correspondant des indications complémentaires pour la durée de validité, et aucune responsabilité ne sera encourue de ce fait par la banque intermédiaire.

9. Lorsqu'un crédit irrévocable est ouvert sous forme de lettre de crédit commerciale, celle-ci comporte l'avis d'ouverture de crédit irrévocable et l'engagement ferme de la banque émettrice vis-à-vis des bénéficiaires et porteurs de bonne foi de faire honorer les tirages émis en vertu et en conformité des clauses et conditions contenues dans ce document. Ce document pourra être transmis et avisé par une tierce banque sans engagement pour celle-ci.

B. — Responsabilité.

1. Les banques examineront soigneusement les documents pour s'assurer qu'ils revêtent dans leur forme générale le caractère de régularité voulue.

2. Cependant elles ne prennent aucun engagement et n'assument aucune responsabilité quant à la forme, la suffisance, l'exactitude, l'authenticité, la portée légale d'aucun document, ni quant à la désignation, la quantité, le poids, la qualité, les conditions, l'emballage, la livraison ou la valeur de la marchandise que représentent les documents, ni quant aux conditions générales stipulées sur les documents, ni encore quant à la bonne foi ou aux actes de l'expéditeur ou de toute autre personne, ni quant à la solvabilité, la réputation, etc. des transporteurs ou assureurs de la marchandise.

3. Les banques n'encourent aucune responsabilité ni quant aux conséquences des retards que pourraient subir dans leur transmission les câbles, lettres ou documents, ni quant à leur perte, à la mutilation, aux erreurs d'interprétation ou autres dont pourraient être sujets les câbles et télégrammes, ni quant à la traduction ou à l'interprétation des termes techniques, et les banques se réservent de transmettre les termes des accréditifs sans les traduire.

4. Les banques déclinent toute responsabilité en ce qui concerne les conséquences pouvant résulter de l'interruption de l'activité des banques, provoquée soit par une décision des autorités publiques, soit par des grèves, lock-outs, émeutes, guerres et tout cas de force majeure. En cas d'échéance d'un accréditif pendant une telle interruption, les banques ne pourront faire aucun règlement postérieurement à l'échéance, à moins d'instructions de la part du donneur d'ordres.

5. Les banques qui ouvrent un crédit à l'étranger n'assumeront aucune responsabilité à l'égard de leur donneur d'ordres, à moins qu'il n'y ait faute de leur part, au cas où les instructions qu'elles transmettraient ne seraient pas exécutées à l'étranger conformément aux

règles rappelées dans le présent document. Le donneur d'ordres est responsable vis-à-vis des banques de toutes les obligations qui incomberont à celles-ci du fait des lois et usages dans les pays étrangers.

C. — Documents.

1. Lorsque les banques recevront ordre de payer contre documents — documents d'expédition ou autre expression analogue — sans que ceux-ci soient précisés, elles se considéreront autorisées à accepter la livraison des documents nécessaires sous une forme négociable et transmissible, et notamment :

Jeu complet de connaissements maritimes,

Police ou certificat d'assurance,

Facture commerciale ;

ou bien, pour les expéditions par voie intérieure :

Connaissement ou autre document analogue, tel que :

Duplicata de la lettre de voiture, récépissé postal ou récépissé de chemin de fer, etc...,

Police ou certificat d'assurance,

Facture commerciale.

Les banques ont le droit de renoncer aux papiers d'assurance si elles reçoivent de la part du bénéficiaire une preuve, d'après leur jugement suffisante, que l'assurance est couverte par le destinataire de la marchandise.

A moins d'instructions contraires, les ordres d'ouverture de crédit seront sujets à l'interprétation suivante (1) :

2. *Connaissements.*

Lorsque des connaissements maritimes seront exigés — des connaissements libellés : « Reçu pour embarquement » ou « Reçu à quai » pourront être acceptés.

3. Pour les expéditions de coton des États-Unis, les banques seront autorisées à accepter les connaissements institués par la « Liverpool Convention », c'est-à-dire des « Port » ou « Custody Bills of Lading ».

4. Pourront également être acceptés les connaissements prévoyant, en dehors des clauses imprimées, le transbordement en cours de route, à condition toutefois que l'ensemble du voyage soit effectué sous le couvert du même connaissement, à moins que l'ouverture de crédit ne spécifie que le transport s'effectuera par vapeur direct. En tout cas, lorsqu'un connaissement pour une expédition par vapeur est exigé, les banques se considéreront autorisées à accepter des connaissements pour des expéditions par bateau à moteur.

5. Les connaissements « Through Bills of Lading » émis par des agents officiels de compagnies de navigation sont admis. Par contre,

(1) Cette phrase se réfère à toutes les autres clauses contenues dans le règlement ci-après, y compris les Sections D et E.

les connaissements émis par des transitaires seront refusés, ainsi que les connaissements prévoyant le transport par voiliers.

6. La date du connaissement, récépissé de chemin de fer, duplicata de la lettre de voiture, récépissé postal, etc., sera considérée dans chaque cas comme faisant preuve de l'embarquement ou de l'expédition de la marchandise.

7. Lorsqu'une expédition stipulée comme devant être faite « A bord » est représentée par un connaissement « Reçu à bord », la date du connaissement sera considérée comme faisant la preuve que les marchandises ont été expédiées au plus tard à cette date. En cas d'attestation de la mise à bord par voie d'endos, cet endos devra être daté et sa date sera considérée comme étant celle de la mise à bord.

8. Les documents d'expédition contenant une clause restrictive concernant la réception de la marchandise en bonnes conditions apparentes seront refusés.

9. La banque a la faculté d'exiger l'inscription sur les connaissements, comme chargeur, ou comme cessionnaire, du bénéficiaire du crédit, ou bien que ledit connaissement soit à l'ordre du bénéficiaire et endossé en blanc par ce dernier.

10. *Assurances.*

Les banques ont le droit d'accepter soit des polices d'assurance, soit des certificats d'assurance des courtiers, à moins que la remise d'un certificat ne soit expressément exclue.

11. Les banques peuvent considérer comme minimum d'assurance le montant de la facture, ou le montant du règlement si celui-ci est supérieur.

12. Lorsque les risques à couvrir ne sont pas dénommés, les banques se contenteront d'une assurance contre les risques maritimes.

13. Si une police ou un certificat d'assurance est réclamé pour une expédition par voie terrestre, les banques se contenteront d'une assurance couvrant les risques ordinaires de transport.

14. Lorsqu'un crédit stipulera « assurance contre tout risque », les banques veilleront à ce que les documents d'assurance soient aussi complets que possible, mais elles ne sauraient être tenues responsables au cas où certains risques ne seraient pas couverts.

15. *Facture.*

Ce document devra être établi au nom du donneur d'ordres ou de toute autre personne désignée par lui.

16. Les banques pourront exiger que la dénomination de la marchandise dans la facture soit faite dans les termes employés dans l'ouverture de crédit. En ce qui concerne la qualité de la marchandise, les banques seront tenues seulement d'exiger que la description dans la

facture corresponde à celle de l'ouverture de crédit ; elles accepteront cependant que les documents de transport et d'assurance ne portent qu'une indication générique.

17. Lorsque d'autres documents sont exigibles, tels que facture consulaire, certificat d'origine, certificat de poids, certificat d'expertise ou d'analyse, sans autres précisions, les banques pourront accepter ceux présentés.

18. Comme preuve du poids, en cas d'expédition par chemin de fer, les banques pourront se référer à l'attestation y relative figurant habituellement sur les récépissés de chemin de fer, ou sur le duplicata de la lettre de voiture pourvu qu'il soit régulièrement établi.

D. — INTERPRÉTATION DES TERMES.

1. « *Environ* ».

Cette expression sera interprétée comme permettant un écart de 10 % maximum en plus ou en moins, en ce qui concerne la quantité ou la valeur de la marchandise.

2. *Expéditions partielles.*

A moins d'instructions contraires, les banques pourront effectuer les paiements pour des expéditions partielles, même si la contre-valeur correspondante ne peut être contrôlée.

3. Si l'expédition par échelons dans des délais déterminés est spécifiée, chaque échelon sera traité comme une opération distincte. La partie non expédiée à l'époque prescrite ne pourra se reporter sur les échelons suivants et sera considérée comme annulée d'office. Les banques régleront toutefois les documents relatifs aux expéditions subséquentes, pourvu qu'elles soient faites dans le délai fixé.

4. *Echéance (ou validité)*.

Tout crédit irrévocable doit porter une date ultime de validité. Le délai peut être soit un délai de paiement, soit un délai de chargement. Si l'ordre ne contient pas de prescription à ce sujet, les banques considèreront le délai comme un délai de paiement et après son expiration n'effectueront pas de paiement, même si les documents portent une date englobée dans le délai de paiement.

5. Les mots « jusqu'au », etc., pour définir l'échéance d'un paiement ou de la négociation, doivent s'interpréter comme comportant l'inclusion de la date indiquée.

6. Lorsque la date extrême de validité tombe un dimanche, un jour de fête légale, de fête locale ou tout autre jour où, suivant la loi ou l'usage du lieu de paiement, aucun paiement ne peut être exigé, cette date sera avancée ou retardée conformément aux lois ou usages du lieu de paiement. Cette faculté ne s'applique pas à la date extrême d'embarquement, qui doit être respectée quel que soit le jour.

7. La validité du crédit révocable, si elle n'est pas spécifiée, sera considérée échue après un délai de six mois à partir de la date de l'avis envoyé au bénéficiaire par la banque auprès de laquelle il est ouvert, et cette banque refusera tout paiement après ce délai, à moins d'instructions spéciales du donneur d'ordres.

8. *Embarquement (chargement).*

« Prompt, immédiat, le plus tôt possible », ou synonyme : ces termes ou autres expressions analogues seront interprétés comme une demande d'expédition et de présentation des documents y relatifs, dans un délai de trente jours à partir de la date de l'avis au bénéficiaire, à moins qu'une date ne soit prévue. Lorsqu'il est fait usage du mot « départ » dans un ordre d'ouverture de crédit ou une lettre de crédit commerciale pour déterminer une date limite d'envoi de marchandises, cette expression sera interprétée comme analogue à « embarquement » ou « chargement », et les banques pourront se référer aux dates figurant sur les connaissements ou autres documents d'expédition à cet égard.

9. *Présentation.*

Lorsque la date d'embarquement ou de chargement est seule prévue dans un accréditif, les documents devront être présentés sans retard.

10. Dans le cas d'un crédit à échéance déterminée, les documents spécifiés devront être présentés aux banques avant l'heure de la fermeture de leurs guichets.

11. *Prolongation.*

Tout recul de date d'expédition prolongera d'autant le délai prévu pour la présentation ou la négociation des documents ou des traites.

12. *Termes de temps.*

Les expressions « première moitié », « seconde moitié » d'un mois seront comprises comme allant du 1er au 15 inclus, et du 16 au dernier jour du mois inclus.

13. Les termes « commencement », « milieu » ou « fin du mois » seront interprétés comme allant du 1er au 10, du 11 au 20 et du 21 au dernier jour de chaque mois.

14. Lorsqu'un crédit indiquera « valable pour une durée de : un mois, six mois, etc. », sans que le donneur d'ordres ait indiqué la date à partir de laquelle ce délai commence à courir, la durée sera comptée à partir de la date à laquelle l'ordre a été donné.

E. — TRANSFERT.

1. Un crédit ne sera transférable que sur instructions expresses du donneur d'ordres. Dans ce cas, le crédit sera considéré comme transférable une seule fois, et ce dans les termes et conditions spécifiés dans le crédit original, y compris la date extrême de validité.

2. L'autorisation de transfert s'étend aussi pour la transmission sur une autre place. Les frais de banque causés par cette opération sont à la charge du premier bénéficiaire, à condition qu'il n'y ait pas d'autres prescriptions. Pendant la durée de la validité de l'accréditif original, le paiement peut avoir lieu sur la place où le crédit a été transféré.

RÉSERVES DE LA DÉLÉGATION BRITANNIQUE

(fondées sur la pratique des banques de Grande-Bretagne).

Section C, paragraphe 2 : Les connaissements libellés « Reçu pour embarquement » ou « Reçu à quai » ne sont pas acceptés comme suffisamment justificatifs, à moins d'autorisations spéciales.

Section C, paragraphe 10 : Il n'est pas d'usage à Londres d'accepter des certificats d'assurance à moins d'instructions spéciales (ceci étant dû au fait que les cours de justice anglaises ont, à plusieurs reprises, statué qu'un certificat d'assurance n'était pas suffisant lorsqu'une police d'assurance était exigée).

Section D, paragraphe 2 : Ce paragraphe devrait être rédigé comme suit :

A moins d'instructions spéciales, les banques peuvent ne pas payer pour des expéditions partielles.

Imprimerie Herbert Clarke, 338, rue Saint-Honoré, Paris.

COMITÉS NATIONAUX

ALLEMAGNE

Prés. : Franz von Mendelssohn.
Sec. gén. : E. Hamm, Neue Wilhelmstrasse, 9-11, Berlin, N.W.7. ("Deutschgruppe, Berlin". — Tél. Zentrum 3565-3569).
Com. adm. : Dr. Gerhard Riedberg, 38, Cours Albert Ier, Paris 8e("Deutschgruppe, Paris 86".-Tél.:Élysées 62-56).

AMÉRIQUE (ÉTATS-UNIS D')

Prés. : Thomas W. Lamont.
Dir. : John P. Gregg, c/o Chamber of Commerce of the U.S.A., 1615, H. Street, Washington, D.C. ("Cocusa, Washington").
Com. adm. : Henry C. Mac Lean, 38, Cours Albert Ier, Paris 8e ("Paramsec, Paris 86". — Tél.: Élysées 94-77).

AUSTRALIE

Prés. :
Sec. : P. C. Oake, 35-43 William Street, Melbourne.
Com. adm. : Owen Jones, 38, Cours Albert Ier, Paris 8e ("Ascomerint, Paris 86". — Tél. : Élysées 62-56).

AUTRICHE

Prés. : Friedrich Tilgner.
Sec. gén. : Richard Riedl, Stubenring, 8-10, Vienne I. ("Hagekammer, Vienne".— Tél. : 73500).
Com. adm. : Richard Fürth, 3, rue de Montalivet, Paris 8e.

BELGIQUE

Prés. : Maurice Despret.
Sec. et Com. adm. : Gustave L. Gérard, 33, rue Ducale, Bruxelles ("Belginaco, Bruxelles". —Tél. : 24775).

CHILI

Prés. :
Sec. : c/o Câmara Central de Commercio de Valparaiso, Blanco, 725, Valparaiso.

DANEMARK

Prés. : Dr. Ernst Meyer.
Sec. : M. Raffenberg, Börsen, Copenhague K.
Com. adm. : Aage Dessau, 48, rue de Paradis, Paris 10e (Tél. : Provence 74-44).

DANTZIG

Prés. : Eduard Bosselmann.
Sec. : Hundegasse, 10, Danzig.

ESPAGNE

Prés. : Carlos Prast.
Sec. : Bartolomé Amengual, Casa Lonja de Mar, Barcelone (Tél. : 941).

ESTONIE

Prés. : Joakim Puhk.
Sec. : Max Hurt, c/o Kaubandus Töostuskoda, Tallinn.

FINLANDE

Prés. : Carl Enckell.
Sec. : Dr. Edw. Järnström, Bourse, Helsingfors ("Chambre Centrale, Helsingfors").
Com. adm. : Mauno Nordberg, 11, rue de la Pépinière, Paris 8e (Tél. : Gutenberg 72-45).

FRANCE

Prés. : Etienne Clémentel.
Sec. gén. et Com. adm. : Alexandre de Lavergne, 6, rue de Messine, Paris 8e (Tél. : Carnot 48-75).
Sec. gén. adj. : J. Duchénois.

GRANDE-BRETAGNE

Prés. : Sir Arthur Balfour, Bart., K.B.E.
Sec. : R. W. Hanna, 14, Queen Anne's Gate, Londres, S.W. 1. ("Ascommerce, London". — Tél. : Victoria 31-54).
Com. adm. : Owen Jones, 38, Cours Albert Ier, Paris 8e ("Ascomerint, Paris 86". — Tél. : Élysées 62-56).

GRÈCE

Prés. : E. Charilaos.
Sec. : A. Varvayannis, 8, rue d'Amérique, Athènes.

HONGRIE

Prés. : Alexandre Popovics.
Sec. : Dr. Tibor de Gyulay 6, Szemere-utca, Budapest V.
Com. adm. hon. : Louis Manheim.
Com. adm. : Georges de Lukacs, 15, rue de Berri, Paris 8e (Tél. : Elysées 37-41).

INDE

Prés. : D. P. Khaitan.
Secr. : M. P. Gandhi, 135, Canning Street, Calcutta.
Com. Adm. : Owen Jones, 38, Cours Albert-Ier, Paris 8e ("Ascomerint, Paris 86". — Tél. : Elysées 62-56).

INDOCHINE

Prés. : B. de la Brosse.
Sec. et Com. adm. : Alexandre de Lavergne, 6, rue de Messine, Paris 8e (Tél. : Carnot 48-75).

ITALIE

Prés. : Dott. Alberto Pirelli.
Sec. : Comm. Dott. Giuseppe Dall'Oglio, 107, Via Torino, Rome (5) ("Sezital, Rome" — Tél. : 42588-42589).
Com. adm. : Cav. Dott. C. Frigerio, 12, rue Halévy, Paris 9e ("Sudameris, Frigerio, Paris." — Tél. : Louvre 51-83).

JAPON

Prés. : Manzo Kushida.
Sec. : Seichi Takashima, Nihon Kogio Club, Marunouchi, Tokio ("Remmei, Tokio").

LUXEMBOURG

Prés. : Aloyse Meyer.
Sec. : Albert Calmès, Arbed, avenue de la Liberté, Luxembourg.

NORVÈGE

Prés. : Morten Lind.
Sec. : Reidar Due, Börs, Oslo.
Com. adm. : A. Voigt Hansen, 6, rue des Colonnes, Paris 2e ("Réuni, Paris". — Tél. : Gutenberg 77-07).

PAYS-BAS

Prés. : H. Rud. du Mosch.
Sec. : S. Posthuma, Parkstraat, 71, La Haye.
Com. adm. : Edouard Bunge, 95, rue Saint-Lazare, Paris 9e (Tél. : Central 68-75).

POLOGNE

Prés. : Boguslaw Hersé.
Sec. : St. Koçot, 2, Chmielna, Varsovie ("Polkomitet, Warszawa". — Tél. : 62-59).
Com. adm. hon. : C. Korytko.
Com. adm. : J. Zoltowski, 38, Cours Albert Ier, Paris 8e (Tél. : Élysées 62-56).

ROUMANIE

Prés. : Mihaïl Manoïlesco.
Sec. : I. N. Jonesco, Strada Sarindar, 19, Bucarest ("Comnatron, Bucarest").
Com. adm. : A. Biano, 16, rue de Vézelay, Paris 8e (Tél. : Laborde 26-88).

SUÈDE

Prés. : J. S. Edström.
Sec. Baron : W. G. Stierenstedt, 9, Västra Trädgards-gatan, Stockholm ("Handelskammaren, Stockholm").
Com. adm. : Thor Carlander, chez Wm. H. Muller & Cie, 98, rue de la Victoire, Paris 9e (Tél.: Central 56-64).

SUISSE

Prés. : John Syz.
Sec. : O. Hulftegger, Börsenstrasse, 17, Zurich.
Com. adm. : Maurice Trembley, 61, avenue Victor-Emmanuel III, Paris 8e (Tél. : Elysées 54-94).

TCHÉCOSLOVAQUIE

Prés. : Jaroslav Preiss.
Sec. : Dr. J. Vanek, Masarykovo Nabr. 4, Prague I. ("Incomerc, Prague").
Com. adm. : Otakar Flanderka, 88, rue de la Pompe, Paris 16e (Tél. : Passy 59-99).

YOUGOSLAVIE

Prés. : Dr. V. Marinkovitch.
Sec. : Dr. Stevan Popovitch, Poenkareova Ulica 27, Belgrade ("Incomycug, Belgrade". — Tél. : 3-93),